D1619444

CHRISTIAN MORGENSTERN

CARMINA LUNOVILIA
DAS MONDSCHAF

CARMINA LUNOVILIA

GEDICHTE
VON CHRISTIAN MORGENSTERN

Ausgewählt, ins Lateinische übertragen
und mit einem Wörterverzeichnis versehen
von Peter Wiesmann

ALBATROS

© 1965 Artemis Verlags-AG Zürich

Bibliographische Information der Deutschen Nationalbibliothek

Die Deutsche Nationalbibliothek verzeichnet diese Publikation
in der Deutschen Nationalbibliographie; detaillierte bibliographische Daten
sind im Internet unter http://dnb.d-nb.de abrufbar.

© 2010 Patmos Verlagsgruppe, Mannheim
Albatros Verlag, Mannheim
Alle Rechte vorbehalten.
Umschlaggestaltung: butenschoendesign.de
Umschlagmotiv: Aries, Astronomical chart showing artwork of the
constellations, 1825, Library of Congress, Sidney Hall
Printed in Germany
ISBN 978-3-538-07601-3
www.albatros-verlag.de

VORWORT

Christian Morgenstern in die lateinische Sprache umzusetzen mag als ein gewagtes Unterfangen erscheinen, und die Kritiker werden uns vorhalten, es vermöge der besonderen Eigenart des Dichters nicht zu entsprechen. Nun scheint ja vielleicht die unerbittliche Klarheit und Eindeutigkeit der lateinischen Ausdrucksweise dem deutschen Vorbild in seiner Hintergründigkeit zwar nicht gerecht zu werden, doch sind wir uns der Grenzen sehr wohl bewußt, welche einer solchen Übertragung gesetzt sind: Morgenstern ist ja einer Übersetzung nur dort annähernd zugänglich, wo er sich auf die scheinbar übliche Form eines äußerlichen Sprachausdruckes beschränkt; wo er sich aber seinen komischen Sprachspielereien zuwendet oder gar aufsteigt zu seinen närrischen Neuschöpfungen, dorthin vermag ihm eine Übersetzung natürlich nicht mehr zu folgen.
Aber da man ja «mit der lateinischen Sprache spielen kann wie mit einer Katze», konnten wir die Finger von Morgensterns Gedichten doch nicht lassen, und es juckte stets wieder aufs neue, das übermütige Spiel zu wagen.
Für die Auswahl der Lieder waren uns die von uns angedeuteten Grenzen maßgebend, ihre Reihenfolge aber ist, vom ersten und vom letzten Gedicht abgesehen, völlig willkürlich. An die erste Stelle aber haben wir den «Galgenberg» gesetzt, weil er nach unserer Meinung den maßgebenden Schlüssel enthält zum Verständnis des Ganzen und eben auch das Spiel vor anderen rechtfertigt und diesem seinen tieferen Sinn gibt.
Das gleiche soll auch das Titelbild dieses Büchleins betragen, welches uns geradezu als eine Illustration erscheinen will zu den Worten des «Galgenbergs»: «Blödem Volke unverständlich / treiben wir des Lebens Spiel»: Diese köst-

liche Darstellung eines Dornausziehers findet sich auf einem frühromanischen Säulenkapitell der Kirche St-Jean in Grandson. Sie mutet fast an wie eine Karikatur auf den berühmten «Spinario» auf dem Kapitol in Rom: Wie dieser richtet er seine ganze Aufmerksamkeit darauf, einen Dorn aus seiner Fußsohle zu ziehen, in welchen er getreten war. Zu seiner Linken aber und zu seiner Rechten stehen zwei groteske Gestalten, welche in frivoler Art ihren Spott treiben mit ihrer Mitwelt, die eine pfeift auf sie, und die andere streckt ihr die Zunge heraus.

Mag auch ursprünglich ihr Meister den Figuren einen anderen Sinn gegeben haben – innerhalb des ganzen Kapitellzyklus von St-Jean stellen sie nämlich den heidnischen Menschen dar, welcher, ins Böse verstrickt, auf die Kirche und ihre Heilslehre spottet; den Dornauszieher aber kann man deuten als den ich-bezogenen Menschen, der sich Gott gegenüber nicht öffnet, sondern, ganz auf sich selbst gestellt, aus eigener Kraft den «Dorn der Sünde» aus seiner Fußsohle ziehen will –, uns aber stehen sie hier, mit einer leichten Verschiebung des Akzentes, für jene, die, in ihre Kreise versunken, «des Lebens Spiel treiben» und die scheinbar so unerschütterlichen Urteile des Banausen in Frage stellen und seine festgefahrenen Maßstäbe lächerlich machen.

Der Spinario von Grandson stammt überdies aus einer Zeit welcher wir uns wegen ihrer lateinischen Vagantenpoesie in unsern Übertragungen verpflichtet fühlen. An ihrer Metrik und Prosodie wird vielleicht der eine oder der andere Anstoß nehmen und es uns ankreiden, wenn wir uns über feste, kanonische Regeln hinwegsetzen. Wir tun es so unbekümmert wie der Meister von Grandson, in dessen Groteske ja wenig mehr spürbar ist von der klassizistischen Geschlecktheit des Kapitoliners. Im Zweifelsfalle aber rufen wir die drei Gestalten des Kapitells als unsere Schutzpatrone an!

6

Morgenstern hat übrigens mit seiner lateinischen Fassung des «Mondschafs» den Weg für dieses Spiel selbst freigegeben. Mag es zwar den Schulmeister in uns noch stutzig machen, weshalb ihm «lunovis» in der vierten Strophe ein Neutrum sein soll, und mag es ihn deshalb vermuten lassen, er habe vielleicht doch nur gebrochen Latein gesprochen, so erweisen wir seiner «Lunovis» dennoch unsere volle Reverenz: Nach ihr mögen diese Verse als «Carmina Lunovilia» den Weg hinaus nehmen.

So ist dieses Häuflein Gedichte geworden, ein «verspäteter Studentenscherz» vielleicht, eine Antwort auf Morgensterns «Studentenscherz» selbst, seinen «Horatius travestitus». Der Ball sei zurückgeworfen!

P. W.

PRAEFATIO

Non perspicui banausis
mimum vitae agimus.
Quae non evitanda audis,
immo haec illudimus.

Ultio sit puerilis
vitae severissimae.
Melius res tuas noris,
noscere si coneris me.

SAEPTUM

Fuit saeptum ex asserculis,
per spatia vides oculis.

Sed faber, qui conspexerat,
repente vesperi aderat.

Exemit saepto spatium,
quo construxit palatium.

Asserculique stulti stant,
quod spatia non circumdant.

Adspectus huius pertaedet,
quare senatus demovet.

Effugit autem faber clam
in Afri- aut Americam.

GALGENBERG

Blödem Volke unverständlich
treiben wir des Lebens Spiel.
Gerade das, was unabwendlich,
fruchtet unserm Spott als Ziel.

Magst es Kinder-Rache nennen
an des Daseins tiefem Ernst;
wirst das Leben besser kennen,
wenn du uns verstehen lernst.

DER LATTENZAUN

Es war einmal ein Lattenzaun
mit Zwischenraum, hindurchzuschaun.

Ein Architekt, der dieses sah,
stand eines Abends plötzlich da –

und nahm den Zwischenraum heraus
und baute draus ein großes Haus.

Der Zaun indessen stand ganz dumm,
mit Latten ohne was herum.

Ein Anblick gräßlich und gemein.
Drum zog ihn der Senat auch ein.

Der Architekt jedoch entfloh
nach Afri- od. Ameriko.

LARINARUM CARMEN

Larinae nos adspiciunt
Aemiliae quasi dicendae,
se pelle alba vestiunt
ac glandulis fligendae.

Larinas nullas ferio,
insidior non misellis,
sed eas pane nutrio
ac passulis rubellis.

Volando numquam adaequas
has aves; sin vocaris
Aemilia, sat habeas,
quod similis videaris.

PROBLEMA SCHOLASTICUM

Quot possint angeli sedere
in summa acus cuspide,
isti problemati studere
ne recusaris timide!

«Omnes, quotcumque sunt», putatis.
«Nam angeli sunt spiritus
et habent ergo spatii satis,
quam crassus erit habitus.»

At ego: Spatium est nullis:
Invisi nam mortalibus
sedere possunt locis ullis
non nisi spiritualibus.

MÖWENLIED

Die Möwen sehen alle aus,
als ob sie Emma hießen.
Sie tragen einen weißen Flaus
und sind mit Schrot zu schießen.

Ich schieße keine Möwe tot,
ich laß' sie lieber leben –
und füttre sie mit Roggenbrot
und rötlichen Zibeben.

O Mensch, du wirst nie nebenbei
der Möwe Flug erreichen.
Wofern du Emma heißest, sei
zufrieden, ihr zu gleichen.

SCHOLASTIKERPROBLEM

Wieviel Engel sitzen können
auf der Spitze einer Nadel –
wolle dem dein Denken gönnen,
Leser sonder Furcht und Tadel!

«Alle!» wird's dein Hirn durchblitzen.
«Denn die Engel sind doch Geister!
Und ein ob auch noch so feister
Geist bedarf schier nichts zum Sitzen.»

Ich hingegen stell' den Satz auf:
Keiner! – Denn die nie Erspähten
können einzig nehmen Platz auf
geistlichen Lokalitäten.

Genu

Peragrat solitorium,
non arbor, non tentorium,
est genu, nihil nisi id.

In bello vir mortaliter
percussus est totaliter.
Sed genu restat sanum,
tamquam si esset fanum.

Ex quo it solitorium,
non arbor, non tentorium,
est genu, nihil nisi id.

Braca interior

Sacra braca est interior,
quae in aura volitat
sorte suaque liberior
de se ipsa cogitat.

Contumelia liberata
vitae subterraneae,
ventis leviter inflata
funem ornat optime.

Artificii pictorem
non ullius paenitet.
Hanc fidelem laudat florem:
Totum annum permanet.

DAS KNIE

Ein Knie geht einsam durch die Welt.
Es ist ein Knie, sonst nichts!
Es ist kein Baum! Es ist kein Zelt!
Es ist ein Knie, sonst nichts.

Im Kriege ward einmal ein Mann
erschossen um und um.
Das Knie allein blieb unverletzt –
als wär's ein Heiligtum.

Seitdem geht's einsam durch die Welt.
Es ist ein Knie, sonst nichts.
Es ist kein Baum, es ist kein Zelt.
Es ist ein Knie, sonst nichts.

DIE UNTERHOSE

Heilig ist die Unterhose,
wenn sie sich in Sonn' und Wind,
frei von ihrem Alltagslose,
auf ihr wahres Selbst besinnt.

Fröhlich ledig der Blamage,
steter Souterränität,
wirkt am Seil sie als Staffage,
wie ein Segel leicht gebläht.

Keinen Tropus ihr zum Ruhme
spart des Malers Kompetenz,
preist sie seine treuste Blume
Sommer, Winter, Herbst und Lenz.

IMEDITANS

Cum servo migrat crepida
Lanuvium Aricia.

Repente in agro solea
iubebat: «Nunc excalcea!»

Respondit servus: «Nil ad rem!
At domina, dic mihi: Quem?»

Quod icit crepidam acrius:
«At eheu, mediusfidius,

ii meditans totaliter ...
De me est, ut scis, aliter,

ex quo amisi dominum ...»
tollitque servus bracchium,

tamquamsi dicat: «Nil est id!»
Uterque protinus pergit.

ARBITER ELEGANTIARUM

Sedere nolo residens,
ut natium caro cuperet,
ut potius natium sibi mens,
si sideret, sellam strueret.

At illa parvo est contenta:
Respicit sellae formamenta.
Plebs sedeat licet avida:
Id minimi interest sua!

DER GINGGANZ

Ein Stiefel wandern und sein Knecht
von Knickebühl gen Entenbrecht.

Urplötzlich auf dem Felde drauß
begehrt der Stiefel: «Zieh mich aus!»

Der Knecht drauf: «Es ist nicht an dem;
doch sagt mir, lieber Herre – : wem?»

Dem Stiefel gibt es einen Ruck:
«Fürwahr, beim heiligen Nepomuk,

ich *ging ganz* in Gedanken hin …
Du weißt, daß ich ein andrer bin,

seitdem ich meinen Herrn verlor …»
Der Knecht wirft beide Arm empor,

als wollt er sagen: «Laß doch, laß!»
Und weiter zieht das Paar fürbaß.

DER ÄSTHET

«Wenn ich sitze, will ich nicht
sitzen, wie mein Sitz-Fleisch möchte,
sondern wie mein Sitz-Geist sich,
säße er, den Stuhl sich flöchte.

Der jedoch bedarf nicht viel,
schätzt am Stuhl allein den Stil,
überläßt den Zweck des Möbels
ohne Grimm der Gier des Pöbels.»

NASOBEMA

Ingreditur in suis
nasis nasobema,
quocum unus ex pullis.
At nondum problema

est Brehmo, nec Maioris,
Brockhausi in lexico.
Surrexit meis chordis
ad lucem subito.

Ingreditur in suis,
ex quo propterea,
quocum unus ex pullis,
nasis nasobema.

PALMASTRON

Stat ad stagnum explicatque
Palmastron sudarium.
Sunt impicti quercus atque
vir legens breviarium.

Se immungere non audet,
uti linteo non gaudet:
Insperato denudatus
rebus pulchris est captatus.

Pietate tum adductus
linum denuo complicat.
Quod evadit non emuctus,
sentiens non iudicat.

DAS NASOBEM

Auf seinen Nasen schreitet
einher das Nasobem,
von seinem Kind begleitet.
Es steht noch nicht im Brehm.

Es steht noch nicht im Meyer.
Und auch im Brockhaus nicht.
Es trat aus meiner Leyer
zum ersten Mal ans Licht.

Auf seinen Nasen schreitet
(wie schon gesagt) seitdem,
von seinem Kind begleitet,
einher das Nasobem.

PALMSTRÖM

Palmström steht an einem Teiche
und entfaltet groß ein rotes Taschentuch:
Auf dem Tuch ist eine Eiche
dargestellt sowie ein Mensch mit einem Buch.

Palmström wagt nicht, sich hineinzuschneuzen.
Er gehört zu jenen Käuzen,
die oft unvermittelt – nackt
Ehrfurcht vor dem Schönen packt.

Zärtlich faltet er zusammen,
was er eben erst entbreitet.
Und kein Fühlender wird ihn verdammen,
weil er ungeschneuzt entschreitet.

GALLINA

In ferroviae platea
it avis gallinacea
nequaquam sibi structa.
Habet praefectum statio?
Num illi erit ultio,
quod falso huc est ducta?
Sperabimus! Dicemus:
Gallinae huic favemus,
etsi, quod fit, non decet.

PASSER ET MACROPUS

Macropus saepto insidebat
et passerem conspiciebat,

sedente passere in tecto
non magno gaudio affecto.

Demissus caput immo sentit:
«Is oculos in me intendit!»

Illius pennae sunt arrectae,
videntur ei res suspectae.

Nesciebat, adhuc an constaret.
«Quid, si macropus me voraret?»

Sed una hora post macropus
aut causa aliqua commotus

aut nullo ex consilio
convertit caput alio.

DAS HUHN

In der Bahnhofhalle, nicht für es gebaut,
geht ein Huhn
hin und her ...
Wo, wo ist der Herr Stationsvorsteh'r?
Wird dem Huhn
man nichts tun?
Hoffen wir es! Sagen wir es laut:
daß ihm unsre Sympathie gehört,
selbst an dieser Stätte, wo es – «stört»!

DER SPERLING UND DAS KÄNGURUH

In seinem Zaun das Känguruh –
es hockt und guckt dem Sperling zu.

Der Sperling sitzt auf dem Gebäude –
doch ohne sonderliche Freude.

Vielmehr er fühlt, den Kopf geduckt,
wie ihn das Känguruh beguckt.

Der Sperling sträubt den Federflaus –
die Sache ist auch gar zu kraus.

Ihm ist, als ob er kaum noch säße ...
Wenn nun das Känguruh ihn fräße?!

Doch dieses dreht nach einer Stunde
den Kopf, aus irgendeinem Grunde,

vielleicht auch ohne tiefern Sinn,
nach einer andern Richtung hin.

SALMO

Rhenanus salmo nat quondam
per Rhenum in Helvetiam.

Iam parte superiore fuit,
cataractas et transsiluit.

Processit iam longissime.
At quodam die ille – vae! –

ad saeptum venit interim
plus quam pedum duodecim.

Saliebat decem alio!
At hic defecit animo.

Tres septimanas stat salmo
sub saltu hoc aquatico.

Deinde rediit mutus iam
in German- et Bataviam.

LEO

In quodam calendario
delineatus est leo.

Te spectat oculo miti
totum a. d. XV. Kal. M(a)i*).

Quare te commonefacit,
quod adhuc – licet – exstitit.

*) lies «a-de-ix-vau-kal-m(a)i»

DER SALM

Ein Rheinsalm schwamm den Rhein
bis in die Schweiz hinein.

Und sprang den Oberlauf
von Fall zu Fall hinauf.

Er war schon weißgottwo,
doch eines Tages – oh! –

da kam er an ein Wehr:
das maß zwölf Fuß und mehr!

Zehn Fuß – die sprang er gut!
Doch hier zerbrach sein Mut.

Drei Wochen stand der Salm
am Fuß der Wasser-Alm.

Und kehrte schließlich stumm
nach Deutsch- und Holland um.

DER LEU

Auf einem Wandkalenderblatt
ein Leu sich abgebildet hat.

Er blickt dich an, bewegt und still,
den ganzen 17. April.

Wodurch er zu erinnern liebt,
daß es ihn immerhin noch gibt.

RADICES

In silva disputant inter se
radices duae abiegnae.

Quod in cacuminibus strepitat,
infra altera alteri commutat.

Sciurus vetus est cum his,
tibiale utrique texit is.

«Him», dicit altera, altera «Hem»,
est satis illud ad unum diem.

CANDOR NOCTURNUS

Lapidea familia
ex marmore confecta
procumbit circum lilia,
in circulo circum lilia
silentiosa nocte.

Liliorum candor mollior
quam candor marmoris;
liliorum candor mollior,
at marmoris pallidior
in alba lunae luce.

En lilia, en familiam,
splendore molli lunam!
Sic peragunt vigiliam,
concertantem vigiliam
silentiosa nocte.

DIE ZWEI WURZELN

Zwei Tannenwurzeln groß und alt
unterhalten sich im Wald.

Was droben in den Wipfeln rauscht,
das wird hier unten ausgetauscht.

Ein altes Eichhorn sitzt dabei
und strickt wohl Strümpfe für die zwei.

Die eine sagt: knig. Die andre sagt: knag.
Das ist genug für einen Tag.

NOTTURNO IN WEISS

Die steinerne Familie,
aus Marmelstein gemacht,
sie kniet um eine Lilie,
im Kreis um eine Lilie,
in totenstiller Nacht.

Der Lilie Weiß ist weicher
als wie das Weiß des Steins;
der Lilie Weiß ist weicher,
doch das des Steins ist bleicher
im Weiß des Mondenscheins.

Die Lilie, die Familie,
der Mond, in sanfter Pracht,
sie halten so Vigilie,
wetteifernde Vigilie,
in totenstiller Nacht.

FIDES

Aliquando ad Bovillas
factum est miraculum.
Neve dubites res illas,
obligabo oculum.

Erant enim duo colles
firmitatis maximae.
Ornant unum agri molles,
alterum alae molinae.

Olim autem horum situs
facta est mutatio,
et taurorum fit mugitus,
procumbit homuncio.

At Antonius agri sator
pius vir clarissimus,
«Ego», inquit, «sum translator
poena indignissimus.

Tantum mea magna fides
montes istos transtulit.
Auctae sunt nunc mihi vires:
Numquis in me dixerit?»

Quia fidem – (mirum rentur
enim id, quod prodidit) –
evangelicam fatentur,
illic heros obiit.

DER GLAUBE

Eines Tags bei Kohlhasficht
sah man etwas Wunderbares.
Doch daß zweifellos und wahr es,
dafür bürgt das Augenlicht.

Nämlich, standen dort zwei Hügel,
höchst solid und wohlbestellt;
einen schmückten Windmühlflügel
und den andern ein Kornfeld.

Plötzlich, eines Tags um viere,
wechselten die Plätze sie;
furchtbar brüllten die Dorfstiere,
und der Mensch fiel auf das Knie.

Doch der Bauer Anton Metzer,
weit berühmt als frommer Mann,
sprach: «Ich war der Landumsetzer;
zeigt mich nur dem Landrat an.

Niemand anders als mein Glaube
hat die Berge hier versetzt.
Daß sich keiner was erlaube:
Denn ich fühle stark mich jetzt.»

Aller Auge stand gigantisch
offen, als er dies erzählt.
Doch das Land war protestantisch,
und in Dalldorf starb ein Held.

SELLA

Quod mutus per diem excogito,
permittit loquax nocti subito.

Nam verbis prodit susurrantibus
arcana atque crepitantibus.

Deinde diu tacens auscultat,
dum nox umbrosa strepitat,

ab daemone dum denuo tunditur
atque fragore spasmus solvitur.

MP XXII

Clamabat corvus in milliario
«Em-pe-ix-ix-duo, ix-ix-duo.»

Praeteriit tiskyon in ore o(s)
et corvus dein «Em-pe-ix-ix-duo.»

Praetervadente tum phacochoero
is crocitat «Em-pe-ix-ix-duo.»

«Insanus est.» Haec est opinio,
«Amoveatur illinc ilico!»

Lepores ferunt meli medico.
Defectus est in molli cerebro.

Et moriens (obiit is enimvero)
«Ix-ix-duo, Em-pe-ix-ix-duo.»

DER KORBSTUHL

Was ich am Tage stumm gedacht,
vertraut er eifrig an der Nacht.

Mit Knisterwort und Flüsterwort
erzählt er mein Geheimnis fort.

Dann schweigt er wieder lang und lauscht –
indes die Nacht gespenstisch rauscht.

Bis ihn der Bock von neuem stößt
und sich sein Krampf in Krachen löst.

KM 21

Ein Rabe saß auf einem Meilenstein
und rief Ka-em-zwei-ein, Ka-em-zwei-ein ...

Der Werhund lief vorbei, im Maul ein Bein,
der Rabe rief Ka-em-zwei-ein, zwei-ein.

Vorüber zottelte das Zapfenschwein,
der Rabe rief und rief Ka-em-zwei-ein.

«Er ist besessen!» – kam man überein.
«Man führe ihn hinweg von diesem Stein!»

Zwei Hasen brachten ihn zum Kräuterdachs.
Sein Hirn war ganz verstört und weich wie Wachs.

Noch sterbend rief er (denn er starb dort) sein
Ka-em-zwei-ein, Ka-em-Ka-em-zwei-ein ...

Du

Heus, monstrum fuit mirificum!
Nam habuit praeter suum
secundum caput in genu:
Est nominatus ideo «Du».

Quod cibum et amorem et
potum, haec trita, attinet,
par concordabat optime
in litterarum ordine.

At pluris aestimanda sunt,
quae diva mente peragunt:
Est pro salute omnium
notitiae beneficium.

Utrumque refert alteri
impressiones animi,
quas quidque in cerebro pro se
habebat de eadem re.

Cum capitum legebat par
duplex librorum exemplar,
post omne habent folium
dialogum Platonicum.

It alias vir fortissimus
duobus cum bananis rus,
in milliario sidit
et femur femori imponit.

Tum edit – et iam ederat,
cum eius mens bis cogitat
expleta fame de sua:
Est duplex ei laetitia.

DER ZWI

Es war ein wunderlicher Tropf.
Er hatte außer seinem Kopf
noch einen zweiten Kopf, am Knie,
weshalb man ihn auch hieß: den Zwi.

Was Essen, Trinken, Liebe, Schlaf
– kurz: das Gewöhnliche – betraf,
vertrug das Paar sich höchst bequem
nach alphabetischem System.

Mehr wert indessen war, wie es
des Denkens göttlichen Prozeß
zum allgemeinen Wohl der Welt
in der Erkenntnis Dienst gestellt.

Es gab sich nämlich klar und schlicht
von jeder Impression Bericht,
die es – und zwar vom selben Ding –
im respektiven Hirn empfing.

Z. B. las das Schädelpaar
ein Buch (im Doppelexemplar),
so fand sofort nach jedem Blatt
ein Dialog (nach Platon) statt.

Ein andermal geht unser Held
mit zwei Bananen über Feld,
bis er auf einem Meilenstein
hinsitzt mit überschlagnem Bein.

Er ißt, und kaum er ausgespeist,
interpretiert zweimal sein Geist
den Hunger, der so süß gestillt,
verdoppelnd des Genusses Bild.

Mirum'st et incredibile!
In uno corpore bis quisque,
vir, qui sibi ipsi «tu» dicit,
qui invicem se conspicit!!

TESSERA

Dicebat secum tessera:
«Sum mihi minus prospera!

«Nam sexta superficierum
– sit unum punctum medium –
pro copia semper spectat rerum
telluris caecum gremium.»

Haec ubi tellus, qua sedebat,
audivit, aegre perferebat.

«Sum, stipes», inquit, «obscurata,
quod tecta tuis natibus.
Simul a te sum liberata,
gemmas aequo splendoribus.»

Id mentem tesserae offendit,
sed illa non iam se defendit.

Unglaublich und absonderlich!
Ein Körper, denkt euch, und zwei Ich!
Ein Mensch, der selbst sich duzt, ein Mann,
der Aug in Aug sich sitzen kann!!

DER WÜRFEL

Ein Würfel sprach zu sich: «Ich bin
mir selbst nicht völlig zum Gewinn!

Denn meines Wesens sechste Seite,
und sei es auch Ein Auge bloß,
sieht immerdar, statt in die Weite,
der Erde ewig dunklen Schoß.»

Als dies die Erde, drauf er ruhte,
vernommen, ward ihr schlimm zumute.

«Du Esel», sprach sie, «ich bin dunkel,
weil dein Gesäß mich just bedeckt!
Ich bin so licht wie ein Karfunkel,
sobald du dich hinweggefleckt.»

Der Würfel, innerlichst beleidigt,
hat sich nicht weiter drauf verteidigt.

MUSTELA ELEGANS

Mustela
sedit in stela
per rivi gela.

Num scis,
quid?

Lunitulus
prodidit id
mi per silentium:

Fecerat cal-
lidum animal
ob homoeoteleutum.

CONVIVIUM DISSOLUTI
(susurrando)

Quid requiem noctis perturbat?
Quid splendor luminum scintillat?
   Convivium'st dissoluti!

Quid stridet, ridet, lacrimat?
Quid tintinnat? Quid susurrat?
   Convivium'st dissoluti!

Noctis lautitia flagrat!
Virtute mortua vitium stat!
   Convivium'st dissoluti!

DAS ÄSTHETISCHE WIESEL

Ein Wiesel
saß auf einem Kiesel
inmitten Bachgeriesel.

Wißt ihr,
weshalb?

Das Mondkalb
verriet es mir
im stillen:

Das raffinier-
te Tier
tat's um des Reimes willen.

DAS FEST DES WÜSTLINGS
(Zu flüstern)

Was stört so schrill die stille Nacht?
Was sprüht der Lichter Lüsterpracht?
  Das ist das Fest des Wüstlings!

Was huscht und hascht und weint und lacht?
Was cymbelt gell? Was flüstert sacht?
  Das ist das Fest des Wüstlings!

Die Pracht der Nacht ist jach entfacht!
Die Tugend stirbt, das Laster lacht!
  Das ist das Fest des Wüstlings!

ASINI

Dicebat tristis asinus
uxori suae protinus:

«Tu stulta, stultus egomet!
Moriamur! Veni!» admonet.

At saepe fieri ut solet,
hos denuo vivere non pudet.

PERSPICILLUM

Korfius legere diligit
rapide multa, at fastidit
illa decies contrita
odiosa nec petita.

Octo verbis iam vel sex
dici plurimum potest,
totidem sententiis
taeniae res loqueris.

Invenitque eius mens
quiddam his eripiens:
Perspicilla, quorum vires
scripta contrahentes vides.

Hoc poema e. gr.
sic non posset legier!
Et triginta talia
notulae similia!!

DIE BEIDEN ESEL

Ein finstrer Esel sprach einmal
zu seinem ehlichen Gemahl:

«Ich bin so dumm, du bist so dumm,
wir wollen sterben gehen, kumm!»

Doch wie es kommt so öfter eben:
Die beiden blieben fröhlich leben.

DIE BRILLE

Korf liest gerne schnell und viel;
darum widert ihn das Spiel
all des zwölfmal unerbetnen
Ausgewalzten, Breitgetretnen.

Meistes ist in sechs bis acht
Wörtern völlig abgemacht,
und in ebensoviel Sätzen
läßt sich Bandwurmweisheit schwätzen.

Es erfindet drum sein Geist
etwas, das ihn dem entreißt:
Brillen, deren Energien
ihm den Text – zusammenziehen!

Beispielsweise dies Gedicht
läse, so bebrillt, man – nicht!
Dreiunddreißig seinesgleichen
gäben erst – ein – – Fragezeichen!!

BUSTUM CANIS

Heri vallem visitavi,
canis qua est conditus.
Tum per arcum penetravi,
est ad laevam aditus.

Porro nihil impeditus
longius progredior.
Num a quoquam sum auditus?
Res est horribilior!

Cippum enim extollebam,
quo inscriptum «R. I. P.
canis» – tollens et videbam –
qui adestis, fugite!

Nam ideam canis spexi,
hunc ipsissimum per se.
Simus manibus connexi –
erat, heus, terribile!

Qualis fuerit, rogatis.
Aliud nil audiatis!
Linguis vos favete sani:
fuit simillima – cani.

DAS GRAB DES HUNDS

Gestern war ich in dem Tal,
wo der Hund begraben liegt.
Trat erst durch ein Felsportal
und dann wo nach links es biegt.

Vorwärts drang ich ungestört
noch um ein Erkleckliches –
ist auch niemand da, der hört?
Denn nun tat ich Schreckliches:

Hob den Stein, auf welchem steht,
welchem steht: Hier liegt der Hund –
hob den Stein auf, hob ihn – und –
sah – oh, die ihr da seid, geht!

Sah – sah die Idee des Hunds,
sah den Hund, den Hund an sich.
Reichen wir die Hände uns;
dies ist wirklich fürchterlich.

Wie sie aussah, die Idee?
Bitte bändigt euren Mund.
Denn ich kann nicht sagen meh',
als daß sie aussah wie ein – Hund.

FLAVI CORTICIS CARMEN

Cortex suam imaginem
receptat flavus speculis.
Nil se videret attamen,
si uteretur oculis.

Hoc fit, quod stat in speculo
respondens perpendiculo.
Obliquum sin posueris,
non erit id, quod dixeris.

Imaginem ut recipias
universo, tu, directo:
Num condiciones alias
habebis tum profecto?

TESTUTUDO

Iam mille annos natus sum,
cottidie maior fio.
Theobaldus rex Visigotum
me nutrit claustro meo.

Sunt multa facta ex quo die
ignota mihi, fateor!
At demonstrat hoc tempore
me pretio mercator.

Mortis non novi imagines,
angores eius ludo,
sum ego tes- sum ego tes-
sum ego tes-tu-tudo.

DAS LIED VOM BLONDEN KORKEN

Ein blonder Korke spiegelt sich
in einem Lacktablett –
allein er säh' sich dennoch nich,
selbst wenn er Augen hätt'!

Das macht, dieweil er senkrecht steigt
zu seinem Spiegelbild!
Wenn man ihn freilich seitwärts neigt,
zerfällt, was oben gilt.

O Mensch, gesetzt, du spiegelst dich
im, sagen wir, im All!
Und senkrecht! – wärest du dann nich
ganz in demselben Fall?

DIE SCHILDKRÖKRÖTE

Ich bin nun tausend Jahre alt
und werde täglich älter;
der Gotenkönig Theobald
erzog mich im Behälter.

Seitdem ist mancherlei geschehn,
doch weiß ich nichts davon;
zur Zeit, da läßt für Geld mich sehn
ein Kaufmann zu Heilbronn.

Ich kenne nicht des Todes Bild
und nicht des Sterbens Nöte:
Ich bin die Schild- ich bin die Schild-
ich bin die Schild-krö-kröte.

In infinitum lineae
parallelae sunt vagatae.
Erant rectissimae eae
ac nobili loco natae.

Ne committerentur inter se,
dum viverent, vitabant.
Elatae erant ista re,
summum bonum putabant.

Decennium meaverant
celeriter ut lumen.
Humanis iam procul erant,
fuit praesens eis numen.

An erant adhuc lineae?
Et ipsae nesciebant.
Tantum ut piae animae
per lucem confluebant.

Lux unione mystica
perpetua pervadebat,
aeternitas angelica
illasque percipiebat.

Die zwei Parallelen

Es gingen zwei Parallelen
ins Endlose hinaus,
zwei kerzengerade Seelen
und aus solidem Haus.

Sie wollten sich nicht schneiden
bis an ihr seliges Grab:
das war nun einmal der beiden
geheimer Stolz und Stab.

Doch als sie zehn Lichtjahre
gewandert neben sich hin,
da ward's dem einsamen Paare
nicht irdisch mehr zu Sinn.

War'n sie noch Parallelen?
Sie wußten's selber nicht —
sie flossen nur wie zwei Seelen
zusammen durch ewiges Licht.

Das ewige Licht durchdrang sie,
da wurden sie eins in ihm;
die Ewigkeit verschlang sie
als wie zwei Seraphim.

FURCIFERI CARMEN VERNALE

Iam ver nostro in patibulo,
o tempora beata!
Surgente ad lucem calamo
teredinis ex rima.

In vento huc movetur tum,
illuc mobilior.
Mi quidam esse videor,
qui ego non iam sum ...

CARMEN IN CUNABULIS CANTANDUM

Dormi tu, puellula,
in caelo stat ovicula,
ovicula vaporea,
ut tu committit proelia.
Puellula, tu dormi.

Dormi tu, puellula,
voratur soli ovicula,
delingit fundo caeruleo
canina lingua, ideo:
Puellula, tu dormi.

Dormi tu, puellula,
nunc abiit ovicula.
Marito luna maledicit,
cum ove in ventre is aufugit.
Puellula, tu dormi.

GALGENBRUDERS FRÜHLINGSLIED

Es lenzet auch auf unserm Spahn,
o selige Epoche!
Ein Hälmlein will zum Lichte nahn
aus einem Astwurmloche.

Es schaukelt bald im Winde hin
und schaukelt bald drin her.
Mir ist beinah, ich wäre wer,
der ich doch nicht mehr bin ...

GALGENKINDES WIEGENLIED

Schlaf, Kindlein, schlaf,
am Himmel steht ein Schaf;
das Schaf, das ist aus Wasserdampf
und kämpft wie du den Lebenskampf.
Schlaf, Kindlein, schlaf.

Schlaf, Kindlein, schlaf,
die Sonne frißt das Schaf,
sie leckt es weg vom blauen Grund
mit langer Zunge wie ein Hund.
Schlaf, Kindlein, schlaf.

Schlaf, Kindlein, schlaf.
Nun ist es fort, das Schaf.
Es kommt der Mond und schilt sein Weib;
die läuft ihm weg, das Schaf im Leib.
Schlaf, Kindlein, schlaf.

EXPERIMENTUM

Thecam, acus qua servantur
– mirae res sic approbantur –

em: et camelum iustum
audacissimum vetustum.

Dives quidam hic adstabat,
auri sacculos portabat.

Qui adscendit viam tortam
et pulsavit coeli portam.

Petrus: «Scriptum sic est – Amen! –
potius acus per foramen

transiturum», ait, «camelum
quam paganum te in coelum!»

Verbo Dei quod credebam,
beluam istam impellebam

post foramen retinens
crustulum, alliciens.

Et profecto: Est ingressa
anguis instar quidem pressa!

Foedis oculis videbat
dives – tantum «vae» gemebat.

DIE PROBE

Zu einem seltsamen Versuch
erstand ich mir ein Nadelbuch.

Und zu dem Buch ein altes zwar,
doch äußerst kühnes Dromedar.

Ein Reicher auch daneben stand,
zween Säcke Gold in jeder Hand.

Der Reiche ging alsdann herfür
und klopfte an die Himmelstür.

Drauf Petrus sprach: «Geschrieben steht,
daß ein Kamel weit eher geht

durchs Nadelöhr als du, du Heid,
durch diese Türe groß und breit!»

Ich, glaubend fest an Gottes Wort,
ermunterte das Tier sofort,

ihm zeigend hinterm Nadelöhr
ein Zuckerhörnchen als Douceur.

Und in der Tat! Das Vieh ging durch,
obzwar sich quetschend wie ein Lurch!

Der Reiche aber sah ganz stier
und sagte nichts als: «Wehe mir!»

AËR

Moribundus olim fuit aër.

«Caelestis Pater, opem fer»,
sic exclamabat, «nam crassesco»,
vultuque tristi «et hebesco!
Suadebas bene alias,
me peregre mitte in aquas;
et lac coactum commendatur,
si non – Diabolus advocatur!» —

Is fecit – ne infamaretur –
ut aër sonis fricaretur.

Ex quo est mundi strepitus.
At aër vivit floridus.

GRAMMOPHONIUM

Ad caelum Satanas enitens
ferebat grammophonium.
Dicebat: «Domine!» subridens
«hoc mundi est harmonium.»

Videtur Dominus contentus
vagitum illum audiens:
Velut sphaerarum nam concentus
personat hic alliciens.

Ter Deus cantum auscultavit:
Iam illi erat taedio!
Ex caelo Satanam iactavit
una cum grammophonio.

46

DIE LUFT

Die Luft war einst dem Sterben nah.

«Hilf mir, mein himmlischer Papa»,
so rief sie mit sehr trübem Blick,
«ich werde dumm, ich werde dick;
du weißt ja sonst für alles Rat –
schick mich auf Reisen, in ein Bad,
auch saure Milch wird gern empfohlen; –
wenn nicht – laß' ich den Teufel holen!»

Der Herr, sich scheuend vor Blamage,
erfand für sie die – Tonmassage.

Es gibt seitdem die Welt, die – schreit.
Wobei die Luft famos gedeiht.

DAS GRAMMOPHON

Der Teufel kam hinauf zu Gott
und brachte ihm sein Grammophon
und sprach zu ihm, nicht ohne Spott:
«Hier bring' ich dir der Sphären Ton.»

Der Herr behorchte das Gequiek
und schien im Augenblick erbaut:
Es ward fürwahr die Welt-Musik
vor seinem Ohr gespenstisch laut.

Doch kaum er dreimal sie gehört,
da war sie ihm zum Ekel schon –
und höllwärts warf er, tief empört,
den Satan samt dem Grammophon.

FACTUM «IMPOSSIBILE»

Palmastron iam impeditus
in itinere curvato
quodam et autokināto
est obtritus.

«Quare», inquit ille surgens
atque denuo vivere volens,
«malum fieri poterat
et in summa acciderat?

«Accusemus civitatem,
quae huic dabat facultatem,
an dederunt magistratus
liberos vectori passus?

«An in mortuos sine lege
transformantur vivi necne?
Brevi quaerere decet:
An aurigae non licet?»

Pannis in plenis umoris
perlegitque corpus iuris.
Statim est perspicuum:
Nequit hic vehiculum!

Res – (hoc est consilium) –
nil est nisi somnium:
Nam – (sic acriter concludit) –
quod non licet, esse nequit.

EINE UNMÖGLICHE TATSACHE

Palmström, etwas schon an Jahren,
wird an einer Straßenbeuge
und von einem Kraftfahrzeuge
überfahren.

«Wie war» (spricht er, sich erhebend
und entschlossen weiterlebend)
«möglich, wie dies Unglück, ja –:
daß es überhaupt geschah?

Ist die Staatskunst anzuklagen
in bezug auf Kraftfahrwagen?
Gab die Polizeivorschrift
hier dem Fahrer freie Trift?

Oder war vielmehr verboten,
hier Lebendige zu Toten
umzuwandeln – kurz und schlicht:
durfte hier der Kutscher nicht –?»

Eingehüllt in feuchte Tücher
prüft er die Gesetzesbücher
und ist alsobald im klaren:
Wagen durften dort nicht fahren!

Und er kommt zu dem Ergebnis:
Nur ein Traum war das Erlebnis.
Weil, so schließt er messerscharf,
nicht sein *kann*, was nicht sein *darf*.

Esox

Esox conversus ab Antonio
cum coniuge et suo filio
surgebat viribus moralibus
non vescens nisi Cerealibus.

Nunc edit muscos et maritimos
et flores alios aquaticos.
Polenta autem denuo turpiter
a tergo exiit atrociter.

Per totum stagnum infaecati
quingenti pisces sunt necati.
Antonius videns quae mirac'la
nil dixit nisi: «Sacra! Sacra!»

Amictus

Amictus interdiu indutus
quiescit noctu tacitus,
per cavas manicas astutus
incedit mus.

Per cavas manicas incessit
huc illuc, ut mostellum, mus –
amictus indutus quiescit
ac tacitus.

Quiescit amictus astutus
in umbra noctis tacitus
ab mure transitus indutus
interdiu.

DER HECHT

Ein Hecht, vom heiligen Anton
bekehrt, beschloß, samt Frau und Sohn,
am vegetarischen Gedanken
moralisch sich emporzuranken.

Er aß seit jenem nur noch dies:
Seegras, Seerose und Seegrieß.
Doch Grieß, Gras, Rose floß, o Graus,
entsetzlich wieder hinten aus.

Der ganze Teich ward angesteckt.
Fünfhundert Fische sind verreckt.
Doch Sankt Anton, gerufen eilig,
sprach nichts als: «Heilig! Heilig! Heilig!»

DER ROCK

Der Rock, am Tage angehabt,
er ruht zur Nacht sich schweigend aus;
durch seine hohlen Ärmel trabt
die Maus.

Durch seine hohlen Ärmel trabt
gespenstisch auf und ab die Maus ...
Der Rock, am Tage angehabt,
er ruht zur Nacht sich aus.

Er ruht, am Tage angehabt,
im Schoß der Nacht sich schweigend aus,
er ruht, von seiner Maus durchtrabt,
sich aus.

QUIS EST?

Iam milia annorum
circumeo stagnum, at
non quisquam capillorum
naturam commutat.

Quod attinet bonum rerum,
eodem pertinet;
in mundo specierum
nos Deus adiuvet!

KORFIUS INVENIT QUOSDAM IOCOS

Korfius invenit quosdam iocos,
multis horis post qui efficaces,
quorum taedet quemque in audiendo.

Quasi fomes gliscat in secreto,
subito ex somno experrecti
subridemus tamquam satur infans.

UNDA

Tacita, tacita
unda it perpetua.
Alias, alias
diceret res modo has:

Vinum, panis – amor, fides –
at non essent novae hae res.
Quod probat, quod probat:
Unda potius taceat.

WER DENN?

Ich gehe tausend Jahre
um einen kleinen Teich,
und jedes meiner Haare
bleibt sich im Wesen gleich,

im Wesen wie im Guten,
das ist doch alles eins;
so mag uns Gott behuten
in dieser Welt des Scheins!

KORF ERFINDET EINE ART VON WITZEN

Korf erfindet eine Art von Witzen,
die erst viele Stunden später wirken.
Jeder hört sie an mit langer Weile.

Doch als hätt' ein Zunder still geglommen,
wird man nachts im Bette plötzlich munter,
selig lächelnd wie ein satter Säugling.

DAS WASSER

Ohne Wort, ohne Wort
rinnt das Wasser immerfort;
andernfalls, andernfalls
spräch es doch nichts andres als:

Bier und Brot, Lieb und Treu –
und das wäre auch nicht neu.
Dieses zeigt, dieses zeigt,
daß das Wasser besser schweigt.

Vice versa

In quodam prato lepos sedit,
quod non videre quemquam credit.

At quidam, cui sunt telescopia,
considerat homo cum industria

hunc ex vicinis collibus
nanum cum istis auribus,

mitisque deus ex caelo
hunc videt cum silentio.

«Exegi monumentum ...»

Exige mi monumentum
mari saccharo extentum.

Fio lacus dulcis tum
brevi, cum dilapsus sum,

dum me hauriunt mirantes
centum pisces adnatantes.

Hamburgensis civis os
vel Bremensis edit hos.

Societatem denuo
sic in vestram venio.

At si fiam aes, lapis,
sua viscera avis

fundet vacuefaciens
aut homo me irridens.

VICE VERSA

Ein Hase sitzt auf einer Wiese,
des Glaubens, niemand sähe diese.

Doch, im Besitze eines Zeißes,
betrachtet voll gehaltnen Fleißes

vom vis-à-vis gelegnen Berg
ein Mensch den kleinen Löffelzwerg.

Ihn aber blickt hinwiederum
ein Gott von fern an, mild und stumm.

DENKMALSWUNSCH

Setze mir ein Denkmal, cher,
ganz aus Zucker, tief im Meer.

Ein Süßwassersee, zwar kurz,
werd' ich dann nach meinem Sturz;

doch so lang, daß Fische, hundert,
nehmen einen Schluck verwundert.

Diese ißt in Hamburg und
Bremen dann des Menschen Mund.

Wiederum in eure Kreise
komm' ich so auf gute Weise,

während, werd' ich Stein und Erz,
nur ein Vogel seinen Sterz

oder gar ein Mensch von Wert
seinen Witz auf mich entleert.

WÖRTERVERZEICHNIS

Das folgende Wörterverzeichnis enthält nur jene seltenen Wörter, welche dem Laien und Liebhaber des Lateins in seiner Schullektüre wohl weniger begegnet sind, und er soll deshalb der Mühe enthoben sein, ein dickes Wörterbuch zu wälzen.

abiegnus, -a, -um aus Tannenholz
  bestehend
accurate Adv. genau
acus, -us f. die Nadel
adhibeo 2. hinzufügen, anlegen
aegre perferre unzufrieden sein
aëneus, -a, -um aus Bronze bestehend
aes, -ris n. das Erz, die Bronze
alias Adv. andernfalls, sonst
alio Adv. anderswohin
alioquin Adv. sonst
allicio 3. anlocken
amens, -ntis dumm, blöd
amictus, -us m. das Gewand, der Rock
amitto 3. verlieren
amoveo 2. entfernen, wegführen
angor, -oris m. die Angst,
  die Beklemmung
anguis, -is c. die Schlange
approbo 1. beweisen
arbiter, -tri m. der Schiedsrichter
arcanus, -a, -um geheim
arcesso 3. kommen lassen
arrectus, -a, -um gesträubt
artificium, -i n. das Kunstwerk
asserculus, -i m. die Latte
astutus, -a, -um listig
attamen Adv. allein doch
attineo 2. betreffen
aufugio 3. weglaufen
auriga, -ae m. der Kutscher
auris, -is f. das Ohr
ausculto 1. anhören, lauschen

autokinätus, -i m. das Automobil
aversus, -a, -um voneinander abgekehrt

banana, -ae f. die Banane
banausus, -i m. der Philister
belua, -ae f. das Tier
braca, -ae f. die Hose
bracchium, -i n. der Arm
breviarium, -i n. das Brevier, das Buch
bustum, -i n. das Grab

calamus, -i m. der Halm
calceus, -i m. der Schuh
calendarium, -i n. der Kalender
candor, -oris m. der Glanz
caninus, -a, -um zum Hund gehörig
canus, -a, -um grau
capillus, -i m. das Haar
caro, -nis f. das Fleisch
cataracta, -ae f. der Wasserfall
cerebrum, -i n. das Hirn
chorda, -ae f. die Saite
cippus, -i m. der Leichenstein
circumstituo 3. umstellen
claustrum, -i n. der Behälter, der Käfig
commendo 1. empfehlen
committor 3. sich kreuzen
commonefacio 3. erinnern
commoveo 2. beeindrucken
commuto 1. austauschen
complico 1. zusammenfalten
concentus, -us m. die Harmonie,
  die Musik

concerto 1. wetteifern
concludo 3. schließen, folgern
concordo 1. einig sein, harmonieren
condo 3. bergen, begraben
confluo 3. zusammenfließen
considero 1. betrachten, bedenken
consto 1. bestehen
contritus, -a, -um abgenutzt,
  gewöhnlich
contumelia, -ae f. die Schmach
conversus, -a, -um bekehrt
convivium, -i n. das Festmahl
cordi esse am Herzen liegen
cortex, -icis m. die Rinde
crassesco 3. dick werden
crassus, -a, -um dick
crepida, -ae f. der Stiefel
crepito 1. rauschen, knistern
crinis, -is m. das Haar
crocito 1. krächzen
crustulum, -i n. das Backwerk
cunabula, -orum n. die Wiege
cuspis, -idis f. die Spitze

decies Adv. zehnmal
defectus, -a, -um zerstört
deficio 3. animo den Mut verlieren
delineo 1. zeichnen
delingo 3. ablecken
demoveo 2. entfernen
denuo Adv. aufs neue
denudatus, -a, -um entkleidet, nackt
dilabor 3. zerfallen
directus, -a, -um senkrecht
disputo 1. sich unterhalten
dissolutus, -i m. (zügellos),
  der Wüstling
divergo 3. auseinanderstreben
doleo 2. leiden
donatus, -a, -um beschenkt

edo 3. essen
efficax, -cis wirksam
egomet ich (betont)
e. gr. = exempli gratia zum Beispiel
elegantia, -ae f. das feine Betragen
elatus sum stolz sein
enimvero Adv. in der Tat
enitor 3. hinaufsteigen
esox, -cis m. der Hecht
excalceo 1. aliquem jemandem die
  Schuhe ausziehen
exigo 3. aufrichten, bauen
eximo 3. herausnehmen
experrectus, -a, -um aufgewacht
explico 1. entfalten
extendo 3. ausstrecken, ausbreiten

faber, -ri m. der Zimmermann
  (Schmied)
facultas, -tis f. die Möglichkeit
fanum, -i n. das Heiligtum
fastidio 4. ekeln, anwidern
faveo 2. lingua feierlich schweigen
faveo 2. wohlgesinnt sein
femur, -oris n. der Oberschenkel
ferio 4. schießen, treffen
ferrovia, -ae f. die Eisenbahn
firmitas, -tis f. die Festigkeit
flagro 1. brennen
fligo 3. zu Boden schlagen, schießen
foedus, -a, -um häßlich, gräßlich
fomes, -itis m. der Zunder
foramen, -inis n. die Öffnung
formamentum, -i n. die Bildung,
  die Gestalt
fragor, -oris m. das Krachen,
  der Lärm
fremo 3. sausen, brummen
frico 1. reiben, massieren
fugo 1. jagen, verfolgen

fundus, -i m. der Grund,
die Grundlage
funis, -is m. das Seil
furcifer, -eri m. der Galgenvogel,
der Schurke

gallina, -ae f. das Huhn
gallinacea avis das Huhn
gelum, -i n. die Kälte
gemma, -ae f. der Edelstein
gemo 3. seufzen
glandula, -ae f. (die kleine Eichel),
das Schrotkorn
glisco 3. glimmen, motten
gratus, -a, -um dankbar
gremium, -i n. der Schoß

habitus, -us m. die Gestalt
hebesco 3. stumpf werden
hilaris, -e heiter, fröhlich
homoeoteleutum, -i n. der Reim
homuncio, -onis m. der kleine Mensch

ianua, -ae f. die Türe
ico 3. stoßen, treffen
ideo Adv. deshalb
ilico Adv. sofort, auf der Stelle
illudo 3. verspotten
immo Adv. ja, – nein vielmehr
immungo 3. hineinschneuzen
impeditus, -a, -um behindert
impello 3. antreiben
impingo 3. draufmalen
impressio, -onis f. der Eindruck
indignus, -a, -um unwürdig
induo 3. (ein Kleid) anziehen
infaecatus, -a, -um verunreinigt
infamo 1. blamieren, in üblen Ruf
bringen
inferi, -orum m. die Toten

inferre iniuriam ein Unrecht antun
ingredior 3. einhergehen
inquam ich sage
insanus, -a, -um verrückt
insidior 1. nachstellen
insperatus, -a, -um unverhofft
inspiratus, -a, -um eingehaucht
instar n. (indecl.) (das Bild)
mit Genetiv «wie»
insuper Adv. dazu, obendrein
interdiu Adv. bei Tage
invenio 4. erfinden
invicem Adv. wechselweise
invisus, -a, -um ungesehen
irrideo 2. verlachen

lac coactum geronnene Milch
lapideus, -a, -um steinern
larina, -ae f. die Möwe
legier : alt für legi (3) gelesen werden
lautitia, -ae f. die Pracht in der
Lebensart
lepos, -oris m. der Hase
linea parallela die Parallele
linteum, -i n. das leinene Tuch
loquax, -acis geschwätzig
loquor 3. sprechen
ludibrium, -i n. der Spott
lunitulus, -i m. (luna + vitulus)
das Mondkalb

macropus, -podis m. das Känguruh
malignus, -a, -um bösartig
malum, -i n. der Apfel
mane Adv. frühmorgens
manica, -ae f. der Ärmel
maritus, -i m. der Gatte
marmor, -oris n. der Marmor
mediusfidius bei meiner Treu
meles, -is f. (!) der Marder, der Dachs

milliarius (sc. lapis) m. der Meilenstein

mimus, -i m. das Spiel, Komödie, Farce

miraculum, -i n. das Wunder

mirificus, -a, -um wunderbar

misellus, -i m. der arme Kleine

miseria, -ae f. das Elend, die Not

mitis, -e mild, sanft

molina, -ae f. die Mühle

monstrum, -i n. das Ungeheuer

moribundus, -a, -um sterbend

mostellum, -i n. das Gespenst

m. p. = mille passus / milia passuum

mugitus, -us m. das Gebrüll

munus, -eris n. das Geschenk

muscus, -i m. das Moos

mustela, -ae f. das Wiesel

mutatio, -ionis f. der Wechsel, die Vertauschung

nanus, -i m. der Zwerg

nasus, -i m. die Nase

nates, -ium f. die Hinterbacken

necne oder (ob) nicht

nefarius, -a, -um verrucht

nequaquam Adv. keineswegs

nequeo, -ire nicht können

nervus, -i m. der Nerv

nosco (novi) 3. erkennen

notitia, -ae f. die Erkenntnis

notula, -ae f. das Satzzeichen

numen, -inis n. die Gottheit, das Göttliche

ob Präp. mit Akkusativ wegen

obeo, -ire sterben

obligo 1. verpfänden

obliquus, -a, -um schräg

obscuratus, -a, -um verdunkelt

obtero 3. (obtritus) zermalmen

occasus, -us m. der Untergang

odiosus, -a, -um verhaßt

ovicula, -ae f. das Lamm

paganus, -i m. der Heide

palatium, -i n. der Palast

pallidus, -a, -um bleich

pannus, -i m. der Lumpen, das Tuch

par, -is n. das Paar

passer, -ris m. der Sperling

passula, -ae f. die Zibebe, die Rosine

patibulum, -i n. der Galgen

perago 3. durchführen

percipio 3. an sich nehmen, aufnehmen

percutio 3. durchbohren, erschießen

peregre Adv. übers Land

pergo 3. gehen, fortfahren

perlego 3. durchlesen

permitto 3. überlassen

perpendiculum, -i n. das Bleilot

perruptus, -a, -um durchbrochen

perspicillum, -i n. die Brille

perspicuus, -a, -um durchsichtig, verständlich

pertaedet 2. es ekelt

pertineo 2. sich erstrecken, sich beziehen

perturbo 1. stören

pervado 3. durchdringen

pervolo 1. durchfliegen

phacochoerus, -i m. das Warzenschwein

platea, -ae f. der Platz

poema, -atis n. das Gedicht

polenta, -ae f. die Gerstengraupen

porro Adv. vorwärts, ferner, weiter

potius Adv. eher

praeditus, -a, -um + Abl. versehen mit

praefectus, -i m. der Vorsteher

praetereo, -ire vorbeigehen

praetervado 3. vorbeigehen
pratum, -i n. die Wiese
problema, -atis n. das Problem
probo 1. beweisen
procedo 3. vordringen
procumbo 3. knien, sich niederwerfen
prosper, -a, -um erwünscht, günstig
protinus Adv. weiter, vorwärts
pullus, -i m. das Junge
pulso 1. schlagen
punctum, -i n. der Punkt, das Auge
  des Würfels

quisque jeder, das «Ich»

rarus, -a, -um selten
recepto 1. imaginem spiegeln
recipio 3. spiegeln
recuso 1. verweigern
refero, -erre berichten
resido 3. sich setzen
respondeo 2. entsprechen
rima, -ae f. die Ritze
risus, -us m. das Lachen
rubellus, -a, -um rötlich

saccharum, -i n. der Zucker
sacculus, -i m. der Sack
saeptum, -i n. der Zaun, das Wehr
salmo, -onis m. der Salm
saltus, -us m. die Trift, der Sprung
sator, -oris m. der Sämann
satur, -a, -um satt
scintillo 1. funkeln
sciurus, -i m. das Eichhorn
secretus, -a, -um geheim
secundum Präp. m. Akkusativ gemäß
sella, -ae f. der Stuhl
semita, -ae f. der Weg
sententia, -ae f. der Satz

septimana, -ae f. die Woche
sibilo 1. zischen
sido 3. sich setzen
silentiosus, -a, -um schweigend
sileo 2. schweigen
sin Konj. wenn aber
solea, -ae f. die Sohle, der Schuh
solitorius, -a, -um = solitarius abge-
  sondert
sonus, -i m. der Ton
spasmus, -i m. der Krampf
spatium, -i n. der Raum
species, -iei f. der Schein
speculum, -i n. der Spiegel
spiritualis, -e geistig
spiritus, -us m. der Geist
stela, -ae f. der Steinpfeiler
stipes, -itis m. der Stock, der dumme
  Kerl
strepito 1. rauschen
strideo 2. pfeifen, huschen
subrideo 2. lächeln
subterraneus, -a, -um unterirdisch
sudarium, -i n. das Taschentuch
summa, in summa überhaupt
superficies, -iei f. die Fläche
susurro 1. flüstern

taedet es ekelt
taedium, -i n. der Ekel
taenia, -ae f. der Bandwurm
tandem Adv. endlich
telescopium, -i n. das Fernrohr
tener, -era, -erum zart
teredo, -inis f. der Holzwurm
tessera, -ae f. der Würfel
testudo, -inis f. die Schildkröte
texo 3. weben
theca, -ae f. die Büchse
tibiale, -is n. der Strumpf

tortus, -a, -um gewunden
transeo, -re hinübergehen
transfero, -ferre versetzen
transformo 1. umformen, verwandeln
translator, -oris m. der Versetzer
tremor, -oris m. das Zittern
tritus, -a, -um abgenützt, gewöhnlich
tundo 3. stoßen

ultio, -ionis f. die Rache
ultra Adv. weiterhin
ulula, -ae f. die Eule
umor, -oris m. die Feuchtigkeit
unio, -onis f. die Vereinigung
ut Konj. gesetzt der Fall

vacuefacio 3. leeren
vagitus, -us m. das Gequiek
vanus, -a, -um leer, nichtig

vaporeus, -a, -um (dampfend)
    aus Dampf bestehend
vector, -oris m. der Fahrer
vehiculum, -i n. der Wagen
vela dare die Segel stellen
velox, -ocis schnell, flink
venerandus, -a, -um ehrwürdig
veneratio, -onis f. die Verehrung
vernalis, -e frühlingshaft
vescor 3. m. Ablativ sich nähren von
vestigium, -i n. (die Fußspur),
    die Fußsohle
vetustus, -a, -um alt
vigeo 2. gelten
vigilia, -ae f. die Wache
viscera, -um n. die Eingeweide
volito 1. flattern
voro 1. verschlingen
voveo 2. geloben

INHALTSVERZEICHNIS

5 Vorwort

8/ 9 Praefatio / Galgenberg
      Saeptum / Der Lattenzaun
10/11 Larinarum carmen / Möwenlied
      Problema scholasticum / Scholastikerproblem
12/13 Genu / Das Knie
      Braca interior / Die Unterhose
14/15 Imeditans / Der Gingganz
      Arbiter elegantiarum / Der Ästhet
16/17 Nasobema / Das Nasobem
      Palmastron / Palmström
18/19 Gallina / Das Huhn
      Passer et macropus / Der Sperling und das Känguruh
20/21 Salmo / Der Salm
      Leo / Der Leu
22/23 Radices / Die zwei Wurzeln
      Candor nocturnus / Notturno in Weiß
24/25 Fides / Der Glaube
26/27 Sella / Der Korbstuhl
      MP XXII / KM 21
28/29 Du / Der Zwi
30/31 Tessera / Der Würfel
32/33 Mustela elegans / Das ästhetische Wiesel
      Convivium dissoluti / Das Fest des Wüstlings
34/35 Asini / Die beiden Esel
      Perspicillum / Die Brille
36/37 Bustum canis / Das Grab des Hunds

38/39 Flavi corticis carmen/Das Lied vom blonden Korken
      Testutudo/Die Schildkrökröte
40/41 Parallelae/Die zwei Parallelen
42/43 Furciferi carmen vernale/Galgenbruders Frühlingslied
      Carmen in cunabulis cantandum/
      Galgenkindes Wiegenlied
44/45 Experimentum/Die Probe
46/47 Aër/Die Luft
      Grammophonium/Das Grammophon
48/49 Factum «impossibile»/Eine unmögliche Tatsache
50/51 Esox/Der Hecht
      Amictus/Der Rock
52/53 Quis est?/Wer denn?
      Korfius invenit quosdam iocos/
      Korf erfindet eine Art von Witzen
      Unda/Das Wasser
54/55 Vice versa/Vice versa
      «Exegi monumentum ...»/Denkmalswunsch

  56 Wörterverzeichnis